ESPERANZA PARA NÁUFRAGOS

ADRIEN CANDIARD

ESPERANZA
PARA NÁUFRAGOS

Manual de usuarios
para el siglo XXI

EDICIONES RIALP
MADRID

Título original: *Veilleur, où en est la nuit?*

© 2016 Éditions du Cerf. París
© 2024 de la versión española realizada por Miguel Martín,
   by EDICIONES RIALP, S.A.
   Manuel Uribe 13-15, 28033, Madrid
   (www.rialp.com)

Preimpresión: www.produccioneditorial.com
ISBN (edición impresa): 978-84-321-6937-3
ISBN (edición digital): 978-84-321-6938-0
ISBN (edición bajo demanda): 978-84-321-6939-7
ISNI: 0000 0001 0725 313X
Depósito legal: M-26963-2024

Impreso en España   *Printed in Spain*

Anzos, S. L. - Fuenlabrada (Madrid)

ÍNDICE

INTRODUCCIÓN

Nunca se ha hablado tanto de desesperanza.

He tenido que irme para comprenderlo. Viviendo en Egipto más de tres años, cada vez que vuelvo a Francia experimento una inmersión dolorosa en un país obsesionado por su falta de esperanza[1]. No caigo, sin embargo, en la ilusión romántica que nos repite que los países pobres son los más felices, pues no se distraen de lo «esencial», lejos de nuestro confort inútil, y que solo ellos saben encontrar la alegría en la ausencia de Seguridad Social, de escuela gratuita de calidad o de hospital público decente, que distraen tanto de lo esencial como una *tablet*. Cada

---

[1] En su análisis, el autor va a referirse a Francia. La situación puede extrapolarse a muchos países de Europa en nuestros días. Respetaremos el texto del autor a lo largo del libro.

uno corre tras la felicidad como puede, con más o menos éxito, cualesquiera que sean su país y su situación; no se es más desgraciado en Francia que en cualquier otra parte, ni más feliz. Pero, en todo caso, estamos saturados de discursos sobre el desaliento. No se habla más que de eso.

No hablo aquí de desaliento personal, el que nace de las penas del corazón, del fracaso doloroso de un matrimonio, de una brutal decepción profesional o de la pérdida de un ser querido. Hablo de la otra desesperanza, esa de la que todo el mundo habla, de la que abunda en las redes sociales, sobre la que periódicos e informes públicos se preguntan gravemente. El malestar francés, la depresión colectiva, el pesimismo ambiental, la implacable espiral negativa que nos succiona sin que lleguemos a reaccionar, pero que nos complace comentar. En su informe de 2011, el Defensor del Pueblo de Francia, Jean-Paul Delevoye, diagnosticaba, con un anglicismo expresivo, un *burn-out* de nuestra sociedad. Para decirlo en una palabra: que el debate público haya girado casi un año en torno a un libro titulado *El suicidio francés* es, en todo caso, se piense lo que se piense de la obra en cuestión, un síntoma significativo.

En estas condiciones es quizá el momento de hablar un poco de esperanza. Es una virtud cristiana que, en general, no sabemos muy bien cómo abordar. Su presencia en el podio de las grandes virtudes teologales —fe, esperanza, caridad— le evita un olvido completo, pero apenas se predica ya de ella. Sí se repite, de manera incansable y para tranquilizar, que estamos lejos de contentarnos con discursos optimistas. Pero no nos dejamos tomar el pelo. El optimismo, «virtud por excelencia del contribuyente», como decía Bernanos, es decir, el del contribuyente contento tras ser desnudado por el fisco que le ha quitado hasta la camisa, está bien lejos de satisfacernos. No nos sirven las virtudes de los ingenuos: necesitamos virtudes para los hastiados. Ya nos han contado demasiados cuentos.

Reconozcamos, por lo demás, que la esperanza es una virtud extraña, si consiste en efecto en decirnos unos a otros que todo irá mejor mañana. Porque del mañana, por definición, no sabemos nada. Afirmar que el porvenir, por naturaleza, aportará soluciones, es un acto de fe encantador, pero perfectamente gratuito. Si miramos en nuestro pasado todos los "mañanas" que se han ido sucediendo hasta ahora, constataremos que no hay nada menos seguro. Hemos conocido "mañanas" maravillosos, pero también "mañanas" catastróficos. Siendo sinceros, la historia humana ha conocido muchas más resacas que mañanas cantarinas. ¡Cuántas esperanzas brutalmente frustradas, cuántos dulces sueños que han terminado en pesadillas! Sería más racional ser pesimista. Al menos, siendo pesimista, uno nunca queda decepcionado. Y ya solo caben las buenas sorpresas.

Se está pues tentado de colocar la esperanza en un rincón de la sacristía, en la zona de los accesorios teológicos caídos en desuso, junto a los limbos y los días de purgatorio. Con la fe y la caridad ya tenemos bastante como para llenar un programa de vida cristiana. ¿Qué podría decirnos la esperanza, en estos tiempos nuestros de desaliento?

No sabemos qué hacer. Y precisamente por eso, la esperanza nos resulta una virtud más necesaria que nunca, más urgente, más vital. Pero eso evidentemente implica comprenderla. Y comprender que no se trata en absoluto del optimismo que nos hace tan desconfiados. La esperanza, la verdadera esperanza, la virtud de la esperanza, es quizá incluso lo contrario del optimismo.

Para darnos cuenta de esto, hay que distanciarse un poco de nuestra deprimente actualidad inmediata y remontarnos algunos años atrás. Al 587 antes de Cristo.

Aquel año en Jerusalén el ambiente no era precisamente tan alegre. La ciudad era entonces la capital del pequeño reino de Judá, un resto del gran reino de David y Salomón, pero un resto que contenía el Templo, el lugar donde residía la presencia de Dios. Judá había atravesado los siglos pagando el precio de una sumisión a los imperios de su tiempo: Egipto, Asiria y, en aquel momento, Babilonia. El reino de Judá tuvo que humillarse: diez años antes, el rey de Babilonia había asolado el país, robado las riquezas del Templo y deportado al rey y a sus parientes, dejando en su lugar a un joven rey algo fantoche. El pequeño reino debía pagar sumas exorbitantes simplemente para no ser destruido. En Jerusalén, muchos encontraban aquella situación insoportable. Algunos recordaban la grandeza pasada, la alianza con Dios que había sacado al pueblo de Egipto y que, desde entonces y a lo largo de una historia complicada, lo había salvado de sus numerosos enemigos. Era preciso, se decían ellos, tener fe en Dios. Si tomamos las armas, si luchamos para recuperar nuestra independencia, Dios vendrá en nuestra ayuda. Ganaremos la guerra contra el inmenso imperio de Babilonia, porque Dios no abandonará a su pueblo. ¡Dios está con nosotros, todo irá bien!

Así, lleno de esperanza en Dios, es como el pequeño reino de Judá comienza su rebelión contra el imperio. Esta vez, se juega su supervivencia y lo sabe: si gana Babilonia, se acabó. Ya no tendrán rey —ese rey descendiente de David a quien Dios había prometido la realeza para siempre—. Ya no habrá Templo, la presencia de Dios en la tierra. Ya no habrá Tierra prometida: el pueblo que Dios se había ocupado de sacar de Egipto sería destruido y dispersado. Por tanto, Dios está obligado a intervenir, o todo lo que ha hecho desde la alianza con Abrahán quedará en nada. Tendrá que obrar milagros una vez más, como cuando abrió el mar Rojo e hizo perecer a los ejércitos del Faraón. Los jefes de la rebelión contaron entonces con él. Su confianza en Dios y la solidez de su esperanza podrían parecernos admirables de todo punto. Estaríamos tentados, en nuestros tiempos de pesimismo, de considerarlos modelos de esperanza. También de inconsciencia, sin duda, pero no se les puede quitar esto: esperaban que Dios iba a salvarles de todos los peligros. Esperaban contra toda esperanza razonable. Esperaban, y actuaban en consecuencia. ¿No es eso a lo que nos invita nuestra buena y vieja virtud de la esperanza?

No es eso lo que piensa entonces un habitante de Jerusalén, el profeta Jeremías. Aunque profeta, aunque del todo impecable en materia de confianza en Dios, Jeremías es el más completo derrotista de todos los tiempos. Predica la sumisión pura y simple al rey de Babilonia, pagano, impío, opresor. Advierte que, si escuchan esas profecías optimistas que florecen por todas partes y llaman a la resistencia en nombre del Dios de Israel, se hacen ilusiones y se preparan para un mañana aún más difícil. En caso de rebelión, la victoria del rey de Babilonia será inevitable y despiadada, y conducirá a la perdición todo lo que queda de este pequeño reino, lo que hace que aún exista el pueblo judío: una tierra, un rey, un Templo. Tener fe, dice Jeremías, no es vivir en un mundo encantado, donde Dios arreglará todos nuestros problemas: es ante todo mirar al mundo de frente, contemplar el mal cara a cara. La fe de Jeremías no le lleva al optimismo, sino al realismo más frío. Evalúa las fuerzas, sin contar con las posibles intervenciones milagrosas del Señor Sabaot y sus innumerables ejércitos angélicos.

Como niño criado entre películas de la Segunda Guerra Mundial, que me hacían admirar a la resistencia y despreciar a los colaboracionistas, me he preguntado largo tiempo cómo explicar este derrotismo que parece volver la espalda a la fe, a la confianza, a la esperanza. ¿Cómo justificar que el profeta ponga en duda la intervención de Dios para salvar a su pueblo?

El pesimismo de Jeremías no tiene más que una excusa: tiene razón. Lo que él anuncia es lo que va a suceder. El reino de Judá vivía desde largo tiempo al borde del precipicio; la rebelión contra Babilonia lo va a conducir a la catástrofe. Después de un asedio largo y atroz, donde la gente muere de hambre —hasta se dice que las madres devoran a sus propios hijos—, el rey de Babilonia tomará la ciudad, deportará a todos los habitantes que queden vivos y destruirá el Templo de Salomón. El pueblo que Dios había sacado de Egipto, la Tierra prometida, la realeza de David, el Templo en que Dios estaría presente para siempre, la alianza eterna de Dios con su pueblo… toda esta historia santa ha terminado. Jerusalén es destruida. Abajo el telón.

Y es, sin embargo, en esos días de angustia, durante el asedio de Jerusalén, probablemente acuciado por el hambre, viendo venir la catástrofe, encarcelado por una nobleza que le juzga tóxico para la moral de la población, amenazado de muerte... es precisamente ahí cuando Jeremías se pone a escribir locuras. Él, que ha sido tan realista denunciando el callejón sin salida que supone la rebelión, anuncia ahora que Dios va a recrearlo todo a partir de nada. La destrucción de Jerusalén no será más que un episodio en la historia de la alianza de amor que Dios ofrece al mundo. Y, sobre este punto, Jeremías también tendrá razón. Dios no ha olvidado ni se ha vuelto atrás en las sorprendentes promesas que hizo a Abrahán y a todo su pueblo. Las va a cumplir, en Jesús, de un modo más increíble aún de lo que se había imaginado. Pero precisamente, para cumplirlas, no tiene necesidad de lo que, a los ojos humanos, parecía necesario: un rey, una tierra, un templo. Israel se decía: si dejamos de ser un pueblo, Dios no podrá ya salvarnos. Pero lo que va a pasar es precisamente lo contrario. Porque no es todo eso lo que hay que esperar: hay que esperar en Dios, y solo en él. Quienes contaban con otras realidades distintas de Dios —las alianzas extranjeras, la política, la resistencia armada—, incluso en nombre de Dios, incluso fundadas en Dios, se romperán ahí los dientes.

Esta historia parece muy lejana, pero creo volver a leerla todos los días al abrir el periódico cada mañana. Por eso, me parece que Jeremías puede ser para nosotros un verdadero maestro de esperanza. Un maestro un poco paradójico, de acuerdo: su nombre está asociado en la cultura popular a la queja llorona de las «jeremiadas», anunciando desgracias. Pero es un maestro que nos enseña que la esperanza no es lo que a menudo se cree, una especie de optimismo crédulo que rehúsa ver las dificultades. Me parece que es precisamente el maestro de esperanza que necesita nuestro tiempo.

ESPERANZA Y FALSAS ESPERANZAS

«Viviendo en un mundo desgraciado, nosotros debemos ser a los ojos de ese mundo los profesionales de la esperanza». Así escribía hace sesenta años, interpelando a los cristianos en un libro breve pero estimulante, el padre Ambroise-Marie Carré. ¿Cómo leer sin sonrojarnos ese deber que nos atribuía? Pues si el rol de los cristianos es devolver esperanza al mundo, somos colectivamente —creo— bastante malos profesionales. Por supuesto no hablo de los cristianos admirables que todos conocemos, que han sabido transmitirnos la fe y que contagian a su alrededor alegría de vivir, entusiasmo y ganas de hacer el bien. A esos se los encuentra, gracias a Dios, en las parroquias, en los barrios, en las asociaciones, en el trabajo, por todas partes a nuestro alrededor, y hacen la vida más fácil, más feliz. Yo no sé si son «profesionales de la esperanza», pero al menos son buenos *amateurs* (recordemos que, en latín, el "amateur" es el que ama).

Me refiero más bien a nuestra contribución, como cristianos, a la conversación pública, a sus modas, a sus ideas más o menos nuevas, a sus ansiedades y pasiones colectivas. Y en ese terreno, los cristianos nos encontramos más bien pobres en esperanza. Aún más pobres que el resto de nuestros compatriotas, lo que no es decir poco.

Hay una depresión nacional general, y diré poco, pues todos conocemos los datos, las causas, los efectos, los pros y contras. Sabemos que la economía va mal, de crisis en crisis. Tengo treinta y tres años, y desde que tuve edad para interesarme por la actualidad, no hago más que oír hablar de crisis económica: a estas alturas, eso no es ya una crisis, sino una enfermedad crónica. Y eso no inquieta solo a los financieros e industriales que tienen grandes fortunas que perder. Sabemos que detrás de las cifras, siempre un poco deprimentes, que describen el estado de nuestra economía, hay paro, hay una angustia por perder el puesto que lleva a aceptar no importa qué condiciones de trabajo, hay empleos destructores y empleos destruidos, hay estrés y desánimo en la escuela, hay dramas lamentables e historias que no pueden escucharse encogiéndose de hombros.

Sabemos también que la desesperanza es más profunda que eso. Si no tuviéramos más problemas que la falta de eficacia de nuestro modelo económico… Pero vivimos sobre todo en un mundo que cambia cada vez más deprisa, sin que veamos claro el sentido de esos trastornos. De ahí nacen nuestras preguntas interminables y cada día más inquietas sobre nuestra identidad. Cuando nos estamos preguntando quiénes somos, es que la crisis está bastante avanzada.

No se trata solamente de la llegada al país de inmigrantes empujados al exilio por la guerra o por las desigualdades clamorosas de nuestro planeta. Por supuesto, las migraciones ya antiguas cuestionan el marco cultural al que estábamos acostumbrados y que nos parecía que duraría para siempre. Esa es una situación evidentemente nada confortable, tanto más inquietante porque apenas se ve qué nuevo marco cultural, incluso abierto al mundo, parece emerger para remplazar a Corneille y Racine, las *Fábulas* de La Fontaine entre los niños de seis años y la recitación en las aulas del conocido tema: «Nuestros ancestros los Galos».

Pero hay algo deshonesto en considerar a la inmigración como única responsable de este malestar, como suelen hacer algunos polemistas ávidos de explicaciones simples. Es más profundo que eso, más serio; no está en peligro una cultura por la llegada de otras culturas; porque en el seno de una misma familia, ¿qué abuelos pueden llegar a comprender bien a sus propios nietos? Transmitir la propia cultura, en el seno de la propia familia, parece ser una misión imposible. Esta incomprensión recíproca entre generaciones, en un mundo en que las referencias cambian a un ritmo vertiginoso, es infinitamente doloroso, pues afecta a nuestro corazón en lo que nos parece más esencial y digno de ser transmitido. No es algo nuevo que las generaciones se comprendan mal entre ellas, y que los más jóvenes consideren que sus mayores se adaptan mal a los tiempos modernos; pero la novedad es que eso nunca ha sido tan verdadero. ¿Qué caudal de experiencia y belleza se puede transmitir cuando es uno mismo quien se siente trasnochado, cuando la tecnología, pero también los principios morales o las modas estéticas, cambian a toda velocidad? Transmitir una cultura es pretender, de una forma u otra, explicar el mundo a los que son más jóvenes que uno mismo. ¿Pero cómo explicar lo que ya no se comprende?

Están ahí reunidos todos los elementos de un malestar profundo; pero la situación deviene trágica cuando se añade, a esos movimientos de fondo desestabilizadores, la explosión de una violencia inesperada e incomprensible. Después de décadas de una paz que se creía definitiva, defendida de las amenazas exteriores por una fuerza militar disuasoria, los atentados que ensangrentaron Francia en 2015 han demostrado que Europa no ha salido de la historia, y que la paz perpetua es solo una utopía más. No hemos adquirido nada, y desde luego no se ha logrado que desaparezca la violencia.

Lo más insoportable de esos atentados era, quizá, su carácter incomprensible. Todo el mundo buscaba comprender, explicar lo inexplicable. Es que la angustia no nace solo de las dificultades objetivas. Viene también de que esas dificultades resisten nuestra comprensión. Una desgracia no es menor cuando se pueden explicar sus causas, pero es más soportable. Por eso a menudo preferimos una explicación aberrante a una ausencia de explicación: nuestros antepasados explicaban las calamidades atribuyéndolas al pecado, aunque el Evangelio se opone formalmente a ese género de suposiciones; y haremos mal en burlarnos de nuestros ancestros cuando, según un sondeo reciente, uno de cada cinco franceses cree hoy que los Iluminados —secta bávara del siglo XVIII que existió durante unos diez años— son los que mueven las cuerdas de la economía mundial en nuestros días. No se trata de organizar una competición entre las explicaciones más disparatadas o delirantes, pero no es muy difícil ver que las sociedades reaccionan en este punto como los individuos: atacadas por un cáncer, muchas personas educadas y razonables se preguntan por el sentido de su enfermedad, por la causa de esa desgracia, por lo que han hecho para merecer eso. Y como la medicina, en general, apenas tiene respuestas a sus preguntas poco científicas, están dispuestas a acudir a cualquier gurú con tal de que les proporcione una explicación, aunque sea la más absurda. Un sentido grotesco vale siempre más que un sinsentido absoluto.

Pero los cambios cada vez más rápidos a los que nos enfrentamos no son solo incomprensibles; son también destructores de las explicaciones que antes nos permitían comprender el mundo real. A lo largo de los siglos XVIII, XIX y XX, los cambios económicos, sociales y culturales han reforzado una explicación poderosa que ha estructurado nuestro imaginario. Su desaparición, por tanto, ha dejado en nosotros un enorme vacío: teníamos esperanza en el progreso, continuo, imparable, general. El mundo cambiaba, cierto, pero para mejorar. Abandonar el caballo por el tractor, es un completo cambio del modo de vida, del paisaje, no siempre agradable; pero de paso se abandonaba el hambre, lo cual es evidentemente consolador. Esa esperanza, esa falsa esperanza, que contaba con el sentido de la historia para mejorar las cosas, está bien muerta: también eso cambia rápido, e incluso cada vez más rápido, pero no ganamos gran cosa. Perder el empleo pero disponer de un *smartphone* es un mal negocio. Sobre todo porque el progreso prometía una sociedad de la abundancia, en la cual ya no creemos. Ese progreso prometido debía ser general: no solo económico y social, sino incluso político, intelectual y moral. Por el contrario, vemos ya el porvenir bajo los tristes colores de un cambio climático del que nadie se atreve ya a negar su realidad, y de una catástrofe ecológica casi inevitable y llena de ansiedad.

Tenemos un gran futuro a nuestras espaldas. El que se nos promete ya no es muy deseable. Progresar, para nosotros, ya no es mejorar, sino evitar que empeoren las cosas: consumir nuestros recursos menos rápido, degradar menos los suelos y la atmósfera, en una palabra, abstenerse de destruir demasiado el planeta. Sin embargo, que los progresos sean posibles y deseables, nadie está en desacuerdo; que sean el fruto ineludible del sentido de la historia, la causa de los trastornos que sufrimos, ya nadie puede creerlo. Pero el progreso no solo daba sentido; también daba esperanza. Y ahora nos hemos quedado sin sentido y sin esperanza.

Eso es lo que hay respecto al malestar general. Pero también hay un malestar específico, el de los cristianos. Mientras que la esperanza es, lo sabemos, una virtud teologal, una virtud de primer orden, de primera fila, de primera calidad, una virtud que ha merecido un magnífico poema de Charles Péguy, nosotros los cristianos no hablamos nunca de esperanza. «Siempre dispuestos a dar respuesta a todo el que os pida razón de vuestra esperanza», nos pide el apóstol Pedro (1 P 3, 15). Pero para dar esperanza al mundo, será preciso tenerla en *stock*. Y a menudo nuestra fe, lejos de reforzar nuestra esperanza, la hace aún más frágil.

Pues la fe, en nuestro ambiente, se porta mal. La Iglesia parece en retirada. Como creyentes, vivimos más un Vía Crucis que una marcha triunfal. Cierto que felizmente no sufrimos persecuciones en Europa. Además, no es raro encontrar una comunidad cristiana dinámica, un sacerdote entusiasta, cristianos radiantes. Pero no tenemos que pararnos demasiado en las estadísticas si queremos seguir siendo optimistas. Pues los datos objetivos están todos en rojo. El más espectacular, de consecuencias prácticas dolorosas en algunas regiones, es el hundimiento de las vocaciones sacerdotales: el número de ordenaciones anuales ha bajado con regularidad desde hace más de cincuenta años, acabando con la previsión supuesta de que tendría necesariamente que estabilizarse. En veinte años, el número de sacerdotes se ha dividido por dos, pasando de 30 000 en 1995 a 15 000 en 2015. El clero es anciano y, en algunas diócesis es una verdadera especie en vías de extinción. A veces es difícil encontrar una misa cerca de casa, y mucho más confesarse; beneficiarse de un acompañamiento espiritual regular es cosa de ciencia ficción. En un gran número de regiones francesas, los funerales son sistemáticamente presididos por laicos, a menudo bien formados para eso: una evolución puede ser legítima, y eventualmente deseable, pero que sea por la presión de la escasez de curas y como algo irremediable, deja en muchos mayores, al descubrir que no tendrán los mismos funerales que sus padres, un sentimiento crepuscular. El cura de pueblo había sido una figura familiar para los franceses durante siglos; en una generación, un gran número de nuestros conciudadanos no conoce ya a ningún sacerdote, o no se cruza con uno casi nunca.

Otros retrocesos son también impresionantes. La práctica religiosa dominical, antes mayoritaria, no concierne más que al 5 % de los franceses. En apenas cinco años, en el curso de los años 1990, el catecismo de los niños, que era hasta entonces la regla, se convirtió en la excepción. Solo queda el bautismo muy extendido, pero no hay que seguir demasiado las curvas si se quiere continuar estando contento: si se bautizaba el 50 % en el año 2000, en 2013 baja al 32 %. Algunos se tranquilizan señalando que el número de bautismos de adultos crece, pero esos miles están lejos de compensar los batallones de niños que no acuden a la llamada. Por otra parte, todas las encuestas de opinión muestran que los elementos del Credo cristiano (fe en Dios, en Jesús, en la resurrección...) han perdido hegemonía entre las creencias de los franceses: ahora se equiparan con doctrinas que le son radicalmente extrañas, como la reencarnación. Todos los elementos que permitían describir Francia como un país de fe cristiana se han erosionado, y se comprende que ante tales cifras, los cristianos sean presa de la melancolía.

No es menos desagradable ver que el cristianismo abandonará a gran velocidad la cultura común, que tanto contribuyó a crear y donde ha jugado tanto tiempo los primeros roles. Hace ya varias décadas que una página de Blaise Pascal resulta incomprensible para la mayor parte de los estudiantes de instituto. Más recientemente, en los veinte últimos años, los martes de carnaval de las escuelas han dejado su sitio a la inofensiva «semana blanca», después de que las vacaciones de invierno remplazasen a las de Navidad.

En cuanto a la Navidad misma, la fiesta no desaparece, pero conoce una secularización acelerada: no solo porque muchos de los que la celebran dan poca importancia a su significado religioso, sino también porque los códigos culturales de la fiesta pierden relación con su origen cristiano. La escuela no se plantea ya transmitir los villancicos tradicionales y prefiere composiciones un tanto simplonas alrededor de Papá Noel: la calidad musical pierde con eso, pero lo que está en juego es más bien la desaparición fulgurante, en la cultura común, de todos los aspectos que manifiestan su herencia cristiana. Se comprende aún más que eso tenga sobre los cristianos un efecto depresivo. Hacen lo que pueden para resistir, como se ha visto en la polémica abierta cuando la Asociación de alcaldes de Francia publicó, en noviembre de 2015, un vademecum de «buena conducta laica», estimando que la eventual presencia de belenes de Navidad en las alcaldías era incompatible con la laicidad. Se movilizaron cristianos para que este símbolo de la importancia histórica de su fe en la cultura francesa no desapareciese en el espacio público, pero la lucha estaba perdida por anticipado: a partir del momento en que se plantea la cuestión, es que está ya regulada. Los belenes no son ya ese objeto cultural consensuado, que reúne sin polémica, en un «espíritu de Navidad» pacificado y alegre, a creyentes y no creyentes. Las alcaldías que lo deseen no presentarán ya más que belenes militantes, belenes de afirmación de la herencia cristiana, precisamente porque esa herencia ha desertado del campo común. Se puede lamentar eso, pero ninguna movilización podrá cambiarlo: al contrario, esas movilizaciones participan del movimiento mismo que ellas denuncian, subrayando que lo que fue la cultura de todos se ha convertido en la bandera de un campo.

El cristiano asiste impotente a la caída, uno detrás de otro, de todos los bastiones que ocupaba su fe en la sociedad francesa. Recientemente ha visto con dolor alejarse aún más el matrimonio civil de los cánones del matrimonio cristiano. Más allá de los argumentos comentados sobre el fondo en un asunto complejo que merece ciertamente discusión, sospecho que los debates relativos al «matrimonio para todos» han sido exasperantes, en los católicos, por el sentimiento de urgencia de resistir a un declive inexorable de la influencia cristiana en la sociedad francesa. Los debates sobre el fin de la vida expresan la perspectiva, a día de hoy incierta, de un trastorno mucho más fundamental aún. Las guerras de posición son siempre agotadoras, pero cuando cada posición defendida con encarnizamiento es además sistemáticamente perdida, la moral de los combatientes no puede quedar ilesa.

Tanto más porque este retroceso general va acompañado de otra angustia, la de la competencia entre religiones. A la pérdida de influencia de la fe cristiana se añade el regreso de las cuestiones religiosas a la escena pública. Una vuelta que se traduce en espacios informativos de veinte horas dedicados a las Jornadas mundiales de la juventud, por ejemplo, pero que se expresa esencialmente por una atención al islam, convertido en la segunda religión de Francia en número de fieles, y seguramente la primera por su atención mediática. La multiplicación de reportajes y tomas de posición relativos al islam difunde el sentimiento de que «solo tratan de los musulmanes» —sentimiento que apenas tiene en cuenta el hecho de que esta presencia constante de cuestiones relacionadas con el islam en el espacio público es sobre todo negativa—. El temor de ver al islam, como fuerza espiritual aparentemente más dinámica —aunque faltan estudios serios sobre conversiones del cristianismo al islam o viceversa—, obsesiona a muchos. Se estaba acostumbrado a perder terreno ante la secularización moderna; pero si es para dejar campo libre al islam, se está perdiendo dos veces. Después de dos siglos de trifulcas más o menos violentas, más o menos folclóricas, con la Iglesia católica, la laicidad no tiene ya otro desafío que el islam: los católicos están un poco abandonados, sorprendidos de no poder inquietar ya a nadie. Don Camilo ya no interesa a Pepone, totalmente preocupado por el imam del pueblo.

Sobre ese temor, como telón de fondo, cada detalle puede ser transformado en polémica y movilización. Ha bastado que quien dirige la mezquita de París mencione la posibilidad, torpe e ineficaz, de que iglesias desafectadas se transformen en mezquitas, para que en julio de 2015 se encendiera el fuego. Una petición titulada «No toques mi iglesia», lanzada por un escritor ciertamente sincero pero promovida por personalidades que de hecho no son conocidas por acudir a menudo a la iglesia, ha agitado esas angustias profundas, que no pueden disiparse de un manotazo. La amenaza es fantasiosa: a pesar de la disminución de la práctica religiosa, apenas hay iglesias vacías o inutilizadas en Francia, y las pocas que lo son se encuentran en general en zonas rurales aisladas, donde la necesidad de mezquitas no se hace apenas sentir. La rivalidad entre cristianos y musulmanes por el control de los lugares de culto no existe. Pero la polémica deja de manifiesto las inquietudes subyacentes.

El respaldo de no creyentes que acuden en defensa de la identidad cristiana de Francia no está exento de ambigüedades. Muchos cristianos se alegran de que, al fin, haya quien se preocupe de la parte de cristianismo que compone la identidad de Francia; pero siguen molestos constatando que este aumento de interés proceda de una reacción ante la presencia del islam. Se sospecha que no se trata tanto de una simpatía por la fe cristiana, por Jesús, por el amor fraterno o por la misa, sino de una antipatía por el islam. Sentirse instrumentalizado no es nunca agradable; y cuando el instrumento en que se te transforma es un arma, la impresión es más amarga aún. Cuando en Francia voy por la calle en hábito religioso, no me siento nunca tan mal como cuando alguien se acerca para felicitarme por atreverme a ir así, por no tener miedo de mi fe, y añade: «Porque es verdad, hace falta que se os vea más a vosotros, los católicos; hoy no se ve más que a los musulmanes». Prefiero con mucho que se burlen de mí; pero que no se transforme mi fe en el Dios del amor en estandarte de rechazo y desconfianza. Pues si se dedican a «reafirmar los valores cristianos frente al islam», es decir, «contra el islam», tienen ya poco de cristianos.

Hay, sin embargo, algo más doloroso, aunque se trate de un dolor más íntimo, más secreto: el lamento, para muchos creyentes, de haber fracasado en transmitir su fe a las generaciones siguientes. ¿Cuántos abuelos ven a sus hijos, a quienes han educado en la fe lo mejor que han podido, abandonar toda práctica, divorciarse y no ofrecer a los nietos ni bautismo ni catecismo? «¿Cuál es mi falta?», se preguntan con angustia. «¿Cómo asumir la pesada responsabilidad de no haber sabido continuar, en mi propia familia, una transmisión de la fe que ha perdurado durante siglos?».

El fracaso de esta transmisión es sin embargo demasiado general, demasiado masivo, para que se pueda imputar a tal o cual familia; pero la cuestión obsesiva continúa desgarrando la conciencia de esos abuelos, convencidos de haber fallado en su misión.

En esta situación, ¿cómo puede ser la fe un consuelo? Los católicos que tienen hoy sesenta años nacieron en un país cristiano, evidentemente cristiano, profundamente creyente a pesar de las querellas folclóricas laicas. Para ellos, la perspectiva de morir en un país ampliamente increyente no es particularmente portadora de esperanza cristiana. No hablemos pues del consuelo de la religión: es más bien una angustia cada vez más profunda, destructora. Si tuviésemos verdaderamente que dar razón de la esperanza que hay en nosotros, como pide el apóstol Pedro, habría a veces testimonios de desesperanza cristiana.

Para los creyentes, los trastornos contemporáneos son más rudos aún que para los demás, y la situación es todavía menos inteligible. ¿Qué sentido puede darse, en la fe, a este movimiento de descristianización? ¿Cómo ver un signo de la acción divina en esta desaparición acelerada de Dios de nuestro mundo? ¿Cómo darle sentido en la historia de la salvación? Muy listo será el que pueda responder a esto. Es pedir demasiado. A menos que se deje de identificar la esperanza y el optimismo. A menos que se empiece a escuchar la lección de esperanza del profeta Jeremías.

Nuestra situación actual es claramente menos trágica que la de los contemporáneos del profeta, pero ¿es tan diferente? Para nosotros también, un reino que parecía reunir las promesas de la eternidad acaba de desaparecer. La cristiandad está muerta, y bien muerta. La sociedad que marchaba a un mismo paso hacia la salvación, bajo la mirada benévola de nuestra madre Iglesia, ha terminado. La esperanza de ver al mundo entero, gracias al esfuerzo de los misioneros, vivir poco a poco a nuestro ritmo, bautismo, primera comunión, profesión de fe, confirmación, matrimonio, entierro cristiano, el sueño de la gran sincronización del universo en los tiempos de nuestra infancia, ha descarrilado brutalmente. Pensábamos que ese sueño era la voluntad de Dios y que podíamos caminar en él con un corazón confiado. Y he aquí que eso no funciona. La sociedad se descristianiza, la iglesia no está ya en medio del pueblo, nuestra moral no es ya una moral común: en suma, nuestra Jerusalén ha caído. Como los judíos del tiempo de Jeremías, que volvían los ojos a un pasado glorioso que les parecía la única manera de vivir con Dios, nosotros vivimos en medio de las ruinas de nuestra vieja cristiandad, de nuestra propia vieja Jerusalén. ¿Cómo no sentir la nostalgia de la sociedad cristiana, de la época en que incluso los no creyentes, incluso los militantes laicos pensaban que un matrimonio era para toda la vida, entre un hombre y una mujer, y que hay que llegar virgen a él? Vivimos en esas ruinas, y cada muro corroído que cae es para nosotros un dolor que nos recuerda nuestro esplendor pasado.

En los años que vienen, otros muros van a caer, su caída nos llenará una vez más de consternación y nostalgia. Si hay que intentar el delicado ejercicio de la profecía, hablaría de que el próximo será el de los días de fiesta. ¿Cómo justificar que la Ascensión sea un día sin trabajo para permitir a los fieles asistir a misa, en una sociedad donde solo el 5 % de la gente es católica practicante? Ya podemos defender con energía la Ascensión, eso caerá —y lo sabemos—. Sin duda ha aguantado hasta ahora por el deseo general de aprovechar la fiesta para gozar de un bonito mes de mayo. Un argumento que Todos los Santos, en el corazón del otoño, no puede invocar en su favor con tanta eficacia; sin duda, esa fiesta está más amenazada. ¿El 15 de agosto desaparecerá ante el 14 de julio? La Navidad, fiesta secularizada, debería escapar a la masacre, mientras que la fiesta de Pascua parece protegida porque cae siempre en domingo. Pero, aun así, ¿no es sorprendente que, en los recientes debates sobre el trabajo del domingo, el argumento religioso no se haya invocado nunca? Las justificaciones mencionadas para defender el domingo libre han sido numerosísimas: un tiempo para la familia, para la cultura, para la amistad, para el deporte, para descansar, para no producir ni consumir... Excelente programa en todo caso. Pero los mismos creyentes han renunciado por anticipado a pedir un tiempo para rezar a Dios. Esta timidez resulta extraña, pues los practicantes, tres millones de personas, siguen siendo a pesar de todo más numerosos que los aficionados al deporte que frecuentan los estadios; y no es cierto que el motivo que ha impuesto en todo Occidente ese día de descanso deje de ser pertinente en el debate. Pero parece que se ha interiorizado esta pérdida de legitimidad, y los creyentes mismos se han limitado a buscar pretextos en otra parte. Llegado a este punto, el domingo festivo tiene motivos para preocuparse.

Se asiste a esta lenta caída, y uno se pregunta cuánto tiempo va a durar esto, si todos los vestigios de la Europa cristiana deben acabar cayendo y si los cristianos, después de haber representado la casi totalidad de la población del continente, están destinados necesariamente a terminar en una reserva india folclórica, anecdótica.

Es en estas ruinas de nuestra Jerusalén donde tenemos necesidad de la lección de Jeremías. Hoy estamos maduros para la esperanza. Pues para hablar de esperanza, es necesario comenzar por mirar de frente a la desesperanza. Nuestro primer deber de centinela es mirar la noche tal como es.

Con frecuencia se desconfía de la esperanza, y singularmente de la esperanza cristiana. ¿No se trata de una historia de ingenuos incorregibles que quieren a toda costa creer que todo va bien, que, aunque los hechos no les dan la razón, se inventan un cielo en que todo irá mejor, con la doble ventaja de arreglar todos los problemas sin tener que desmentirlos nunca por los hechos? ¿No es nuestra esperanza la transposición en la eternidad de un optimismo incurable? El ejemplo de Jeremías nos muestra que la verdadera esperanza no tiene nada que ver con el optimismo. Por defender la esperanza auténtica, Jeremías no ha cesado de sufrir las persecuciones de los que pretendían ser los campeones de ella, los que decían: «No tengáis miedo, todo irá bien», mientras que Jeremías anunciaba una desgracia tras otra. La esperanza cristiana no requiere optimismo, sino valor. «Es un acto heroico —podía escribir Bernanos—, del que los cobardes y los imbéciles no son capaces; es la ilusión lo que les sirve de esperanza».

El valor es necesario para la esperanza, pues para poder esperar, para esperar verdaderamente, hay que renunciar a la ilusión, a todas las falsas esperanzas —y esa renuncia es particularmente dolorosa—. El libro de Jeremías repite: «Maldito el varón que confía en el hombre y pone en la carne su apoyo…». Se pueden malinterpretar esas maneras de decir, que no llaman a la desconfianza generalizada ni al pesimismo sobre la naturaleza humana. No se refieren a que nuestro prójimo no vale nada, ni a que debamos apartarnos de nuestros vecinos porque no cabe esperar nada de ellos. La única cuestión que nos plantean es: ¿dónde ponemos nuestra esperanza? De hecho, Jr 17, 5 continúa: «…mientras su corazón se aparta del Señor». Pues para la esperanza es preciso elegir. Para esperar en Dios, hay que abandonar antes todas las demás esperanzas, todas las confianzas alternativas, todas las redes de seguridad que nos disuadan de dar el gran salto de la confianza en Dios; todas esas otras esperanzas que podemos confundir a veces con Dios mismo, y cuyo fracaso tanto nos desconcierta.

Eso es lo que Jeremías ha comprendido: sus adversarios, que anuncian victorias sobre Babilonia, no tienen sino esperanzas humanas. Hablan de reino, ejército, diplomacia; esperan la dominación, la gloria, el poder, el triunfo. Eso que él llama «poner en la carne su apoyo». Todo eso, sin embargo, los compatriotas de Jeremías lo esperan de una intervención de Dios, se consideran piadosos. Pero ese sueño de imperio sobre el mundo no es lo que Dios quiere darles. Él quiere darles mucho más que eso. Y la destrucción de Jerusalén, tan trágica, tan atroz, va al menos a permitir, en su misma contradicción, una radical purificación de su esperanza.

Quizá nuestra situación tiene, incluso en sus dificultades, una virtud idéntica; el incomprensible despojo de las vestiduras triunfales del cristianismo en Occidente nos indica ciertamente que estamos llamados a aceptar la misma purificación radical, dolorosa y necesaria, para poner nuestra esperanza en Dios. Nuestro

tiempo tiene esta misión histórica, difícil y apa-
sionante. Al contrario que tantos de nuestros
antepasados, a los que los éxitos de la fe podían
deslumbrar, nosotros no tenemos otra alternativa posible que esta: o la desesperanza ante la
catástrofe, o la esperanza en Dios. Las demás
esperanzas no tienen ya sentido. La única promesa que Dios hace a Jeremías no es el triunfo
o el éxito. Es la promesa de su presencia.

Para acoger esta promesa, pues, hay que renunciar a los falsos dioses. Algunas renuncias
se imponen por sí mismas, al precio de amar-
gas decepciones: el progreso imparable no ha
mantenido sus promesas, y estamos tristemente
huérfanos. Entonces creció, al mismo tiempo,
la falsa esperanza simétrica. Aunque sea falso
pensar que, mecánicamente, mañana irá mejor,
es tentador decirse que basta volver atrás, rebo-
binar la película, para resolver todos los problemas. Pensar que se puede recuperar el pasado,
un pasado amablemente idealizado además, es
evidentemente una ilusión, y para nosotros los
cristianos una ilusión mortífera. No se puede
vivir largo tiempo impunemente en la ilusión,
ya se trate de una Edad Media idealizada, del

siglo de la elocuencia de Bossuet, del tiempo heroico del Concilio donde soplaba el Espíritu Santo, o incluso de los años Pompidou donde la cristiandad cultural en Francia daba sus últimos fuegos. No se trata siquiera de reconocer que esas épocas, a veces presentadas como ideales, nunca se parecieron al Reino de Dios, aunque nos guste evocarlas así, y que como todas las demás, han conocido sus combates, su carga de pecado y su parte de gracia. El asunto no está en el debate histórico, sino en el amor de lo real. Los recuerdos son poco a poco quizá más dulces, pero nunca tendrán el sabor de lo real, el sabor del único mundo que se nos ha dado. No se espera en el pasado: no se puede esperar más que en el porvenir. El pasado es siempre más tranquilizador: ya está hecho, se conoce el final de la historia; incluso cuando es trágica, no lleva en su seno la angustia de la incertidumbre. Pero por eso no aporta ninguna sorpresa, ninguna novedad. Las delicias de la nostalgia enmascaran el veneno. Nada es menos cristiano que abrazarse sin fin al cadáver de la vieja cristiandad: hay que dejar a los muertos enterrar a sus muertos, y mirar el mundo de frente. Jerusalén ha caído, y sus murallas no serán reconstruidas.

Algunos, por otra parte, no se quedan en el lamento nostálgico. Pragmáticos, han comprendido bien que las murallas majestuosas del pasado están definitivamente derruidas, y emprenden la construcción, para remplazarlas, de un pequeño fortín. Puesto que el mundo cambia, y nos inquieta, puesto que se aleja de lo que la fe nos enseña —el perdón, la misericordia, la fraternidad incondicional—, es casi natural, en ese diluvio, querer construir pequeñas arcas de Noé donde vivir entre nosotros, con otros católicos que compartan los mismos valores, al abrigo de los males del mundo, sin tener ya nada más que decir a este mundo que despreciamos los valores que le hacen girar. Esta opción de resistencia al mundo, en un espíritu de fortaleza, de último bastión que defender cueste lo que cueste, entre cristianos muy motivados, seduce a muchos jóvenes cristianos que encuentran ahí una forma de radicalidad donde comprometer su generosidad. ¡Ningún compromiso con el espíritu del mundo! No quieren tibieza, blandura. Y tienen razón. Su radicalidad se enraíza en un lema: resistir al espíritu del mundo, al espíritu del tiempo.

Como siempre, la lucha contra el mal es más entusiasmante y movilizadora que la búsqueda del bien: los autores espirituales, desde hace mucho tiempo, han subrayado esta tentación entre las más clásicas, que envuelve las mejores intenciones en las banderas de una retórica guerrera. Las pulsiones agresivas son tan poderosas en nosotros que es bien difícil prescindir de ese estimulante tan eficaz, tan tentador. Hay sin embargo otras radicalidades distintas de la radicalidad combatiente. Creo incluso que Dios nos invita, en estos tiempos que vivimos, a una opción más radical y alternativa. Hemos de renunciar a ver realizarse, incluso parcialmente, el triunfo de la Iglesia, para aceptar el paradójico triunfo de la cruz.

Jerusalén ha caído, y nosotros no la reconstruiremos. Jerusalén ha caído, y no tenemos que plantear una resistencia encarnizada sobre los últimos muros tambaleantes que siguen en pie. Hemos de aceptar, como Jeremías, nuestra situación. No digo que sea para alegrarse, pero tampoco para lamentaciones sin fin. No se trata de quejarnos, como cristianos, de nuestro lugar en la sociedad. Comprendo que sea doloroso no ocupar ya los lugares de honor, y que sentirse objeto de burlas fáciles en la prensa o en la televisión es molesto. Pero resistamos a la confortable tentación de adoptar aire de víctimas. ¿Hay que participar de verdad en esta carrera ridícula donde todos los grupos, todas las confesiones, tratan de presentarse como mártires? Es cierto que el cristianismo es en Francia la única religión de la que se permite burlarse, casi sin riesgo en el universo mediático, porque sigue en los espíritus la expresión mayoritaria: burlarse de ella es burlarse un poco de sí mismo, no despreciar a los demás; pequeños Voltaires, liberados de la amenaza de la Bastilla, pueden de paso darse el dulce cosquilleo de la transgresión sin temor al peligro. Los cristianos, que viven ya dolorosamente su nuevo estatuto de minoritarios, no aprovechan ni siquiera esa ventaja. Pero si soy el primer perjudicado por una caricatura injusta o insultante, deseo con todo mi corazón que se pueda seguir haciendo eso sin riesgo. Porque enarbolar la cristianofobia como concurrente de la islamofobia y del antisemitismo en el mercado de la victimización, es olvidar un poco pronto que Jesús había anunciado a sus discípulos incesantes persecuciones. Deberíamos estar siempre sorprendidos, en nuestras latitudes, de no vivir nada más grave, nada que se pudiese llamar «persecución» sin caer en la indecencia, en particular ante los verdaderos perseguidos, que no faltan en este planeta. Es verdad que la inmensa mayoría de los ataques y profanaciones de lugares de culto y sepulturas, en Francia, apunta a sitios cristianos. ¿Hay por eso que buscar a toda costa conmover a la opinión pública? Hay algo mejor que hacer: amar a los enemigos, rezar por los vándalos. No se puede decir que no se sabía eso: tender la otra mejilla no forma parte de los mandamientos opcionales. Jesús lo ha repetido bastante. Pero, sobre todo, presentarse como víctimas es hacer que triunfe el mal: el mal que se me ha hecho deviene entonces mi única legitimidad, cuando esta debería ser, por el contrario, el bien que me esfuerzo en hacer.

Jerusalén ha caído, y debemos hacer duelo por ella, si queremos comenzar a esperar de verdad; hagamos duelo, pero no perdamos el tiempo en lamentaciones estériles. Dios nos ha querido aquí, en este tiempo inquietante, donde nuestra miseria empuja a su amor a manifestarse con más fuerza. Así que no nos quejemos demasiado. Incluso ese lamento, un poco espeluznante, siniestro pero seductor, tenemos que abandonarlo. Porque nos arriesgaríamos a no oír, en nuestro interior, el canto de alegría que está queriendo nacer.

ESPERAR PARA LA VIDA ETERNA

EL LIBRO DE JEREMÍAS no se contenta —gracias a Dios— con invitarnos a esta purificación radical y, por decirlo todo, tan costosa. No solo denuncia todas las falsas esperanzas a las que querríamos agarrarnos; nos indica también lo que podemos esperar. Mientras Jerusalén es atacada, cuando el mismo Jeremías está enfrentado a toda clase de persecuciones por parte de esos a los que molesta su palabra, Dios no le promete sacarle de ellas, ni siquiera que los problemas del país van a arreglarse. Le hace una promesa, siempre la misma, repetida incansablemente desde el día de su vocación en que Jeremías quería rechazar la carga de su misión y decía «no sé hablar, que soy muy joven». Dios le hace una sola promesa para arreglar todo lo demás, la destrucción de Jerusalén, sus propios problemas, el fin del reino y su propio aislamiento, la pérdida del Templo y su celibato impuesto: «Yo estaré contigo».

«Yo estaré contigo». Nos equivocaríamos oyendo en eso una melosa consolación sentimental. La promesa no tiene nada que ver con la tranquilidad que sienten los niños pequeños ante la presencia de un amigo imaginario. Al contrario, esta presencia anuncia un coste exorbitante: exige renunciar primero a todos los consuelos imaginarios que llenan nuestras vidas. Frente al mal que asola el mundo, ese mal que nos hace daño y del que somos a veces la causa, la solución más simple consiste en buscar compensaciones mentales. Se encuentra ánimo en las dificultades imaginando que el porvenir será mejor; nos consolamos acudiendo a agradables recuerdos del pasado; imaginamos venganzas sofisticadas que no tendrán lugar jamás. Esas compensaciones imaginarias, en el pasado, el porvenir o en otra parte, tienen un defecto: no son verdaderas. Por eso decepcionan siempre. Se tiene esa experiencia desagradable cuando se envía un mail o un texto a una persona a la que se quiere, y su respuesta nos decepciona; no es eso lo que se esperaba, sino una respuesta más cálida o más personal. Es porque se ama a una persona imaginaria, anticipando en nuestra imaginación lo que el otro va a responder, y quedamos decepcionados porque la realidad no concuerda con nuestra imaginación.

En el pasado, se ha insistido en la «renuncia» cristiana. La noción pudo ser mal comprendida, o mal presentada, y dar lugar a desarrollos doloristas más o menos trágicos. No por eso deja de ser esencial. Pero la verdadera renuncia cristiana es la que afecta a esos apoyos imaginarios. Si Dios plantea la exigencia increíble, para quien quiere encontrarle, de renunciar a esas muletas ilusorias, no es para que sacrifiquemos los requerimientos del desarrollo personal, ni nos ordena vivir en el presente para ver todas nuestras preocupaciones desaparecer; es porque Dios no existe más que en el mundo real. No está ayer ni mañana, ni en otra parte: es el Dios del presente, no el de los sueños y los castillos en el aire. Él no se encuentra más que en la verdadera vida, el verdadero mundo, el mismo mundo donde nos encontramos con tanto paro y tanto terrorismo.

La esperanza cristiana espera necesariamente contra toda esperanza, es decir, contra todas las falsas expectativas que nos protegen de un encuentro áspero con el mundo real donde Dios nos espera. ¿Cómo podría él salvarnos si estamos en otra parte? ¿Cómo podríamos incluso comprender lo que es la salvación, ni por qué necesitamos ser salvados, si no miramos de frente el mundo real, con el mal que lo atraviesa?

Se comprende mejor, quizás ahora, por qué he gastado tantas páginas mostrando lo que no es la esperanza. No se trata de un simple ejercicio previo: rechazar esas falsas esperanzas es ya un acto de esperanza. Es no esperar la salvación sino solo de Dios; y no esperarla más que de él es ya recibirla.

«Yo estaré contigo»: la promesa acarrea una exigencia desmesurada, pero vale la pena. Por eso nuestras dificultades actuales son para nosotros una oportunidad inesperada. Nos vemos despojados, un poco brutalmente, de muchas falsas seguridades, y reducidos a esperar en Dios. Tenemos la ocasión de interesarnos por Dios mismo, por la salvación que nos ofrece, sin estar cegados por toda la maraña de triunfos, de equilibrios políticos y consuelos bien humanos que no han cesado de acompañarnos durante siglos.

Dios mismo es pues el único objeto de nuestra esperanza. Eso no deja de tener consecuencias, pues eso cambia quizás el sentido que damos al verbo «esperar». No es que la esperanza cristiana sea de un género totalmente distinto, sin relación con lo que solemos llamar esperanza, pero no espera como se espera que hará buen tiempo el domingo o que Camilo superará su examen. De ordinario, esperar es desear con fuerza algo del porvenir.

Desear simplemente no es aún esperar: si deseo una parte del pastel que estoy viendo, no espero nada, me lo como. Esta dimensión futura de la esperanza es importante, pues se acompaña en general de una cierta anticipación: se imagina lo que va a pasar, y la dicha que vendrá de eso. La esperanza corriente es una expectativa, que colma su vacío mediante la imaginación de lo que vendrá para cumplirla.

La esperanza en Dios no puede imaginarse. Las imágenes populares e ingenuas del paraíso solo consiguen ridiculizar el cielo y hacer de él, en la cultura común, un lugar un poco empalagoso donde podrán explayarse los menos listos entre los niños del catecismo. Dios supera lo que podemos imaginar de él, y con mucho. La esperanza cristiana no puede confundirse con esas anticipaciones simpáticas que no nos dicen nada de Dios. El Dios vivo no tiene mucho que ver con nuestras construcciones previas; está ahí donde no se le espera, y sorprende, inquieta, colma de forma siempre inesperada. Es incluso por eso por lo que se le reconoce, y se distingue de los dioses de las teologías naturales y de los diversos grandes relojeros que la inteligencia humana ha querido concebir como «Todopoderosos bajo control», encerrados en su concepto, manipulables, como cualquier hipótesis. El Dios vivo sigue estando libre de nuestras definiciones: es lo que le hace a la vez un poco perturbador y plenamente maravilloso.

La esperanza cristiana no es por lo demás una expectativa: no tiene su fuente en nuestra necesidad o nuestra carencia, que buscaríamos llenar de manera apropiada. Ella solo es posible porque Dios se ha dado primero. No se trata de expectativa sino de don —de un don que debemos simplemente recibir—. Contrariamente al objeto de nuestras esperanzas corrientes, Dios no está en el porvenir, ni está a la espera: él ya se ha dado, y la única dificultad consiste en aceptar ese don. Esperar es ya poseer. Es lo que dicen los teólogos en su jerga técnica cuando aseguran que la esperanza es una virtud «teologal» que tiene «a Dios por objeto», y sobre todo que da un acceso directo a Dios. La esperanza no es solamente una manera de esperar a Dios, sino incluso de poseerle.

No me atrevería a hablar de «poseer a Dios» si los teólogos más eminentes de la tradición católica no hubiesen tenido esa audacia antes que yo. Naturalmente, la expresión debe ser bien entendida: no se posee a Dios como se posee un automóvil, o dinero en el banco, sino más bien como se «tiene» un amigo: se le conoce, pero nunca del todo. Puede siempre sorprendernos. Es siempre a la vez conocido y desconocido; y cuanto más le conocemos, más tomamos conciencia de su parte de misterio. Comenzar a conocerle es como sumergirse en el océano: nunca se está cerca de agotar la cuestión.

Esta posesión no es un proyecto, sino ya una realidad. Nuestra esperanza no remite la realización a más tarde, al infinito: es Dios el que es infinito, lo cual es bien diferente. Pues así, su posesión puede ser presente, efectiva, siendo siempre incompleta, perfectible; es a la vez el presente y el porvenir. Esperamos en Dios porque ya le poseemos. Eso es lo que ilumina con nueva luz la máxima de san Agustín, tan citada: «La felicidad es continuar deseando lo que ya se posee». Lejos de ser una llamada a contentarnos modestamente con lo poco que tenemos, que no está ya tan mal, el obispo de Hipona subraya que Dios es la única realidad que podemos a la vez poseer y seguir deseando al mismo tiempo. Dios es así el único objeto de esperanza que no decepciona, porque no cesa de ser una esperanza cuando deviene una posesión.

Cada una de las tres virtudes teologales —la fe, la esperanza y la caridad— nos propone una manera de poseer a Dios. La fe posee a Dios como Verdad, la caridad lo posee como Bien. La vía abierta por la esperanza es la posesión de Dios como salvación; es lo que se llama más comúnmente la vida eterna. Sería quizá ya tiempo de hablar de eso.

Es tiempo, pues generalmente apenas nos atrevemos a extendernos sobre este asunto. Me doy cuenta al echar un vistazo a mis prédicas de las últimas semanas: no he hablado nunca de eso directamente. Prefiero conformarme —y en la Iglesia, no soy probablemente el único— con asuntos más fáciles, que van a interesar más a mis feligreses o a todos los que tienen la paciencia de escucharme. Un tema que interesa siempre, por ejemplo, es la felicidad. Se puede hablar de ella mal, por supuesto, pero al menos la cuestión es buena. Todo el mundo busca la felicidad, y mientras tanto yo me esfuerzo en mostrar que la fe conduce a la felicidad, que Dios no quiere otra cosa que nuestra felicidad. Y todo eso es verdad. Y naturalmente, cuando hablo de felicidad, implícitamente estoy hablando de salvación: para mí las dos cosas están íntimamente ligadas. ¿Pero es eso lo que se entiende cuando hablo? ¿Es que quienes me escuchan no van a entender por «felicidad» lo que todo el mundo, las revistas o las canciones que ponen por la radio, entienden por eso: un sentimiento de intensa satisfacción del deseo, junto al confort material y una gran serenidad? ¡Lo que yo anuncio pasa por la cruz! Mientras que la salvación, aunque sea portadora de la alegría verdadera, no es de ningún modo una parte de placer. Si quisiera ser verdaderamente honesto, debería dejar de jugar con las ambigüedades, y decir muy claramente que, si se busca la armonía con los elementos, la desaparición de todo sufrimiento o no sé qué aspiración oriental a la moda, la Iglesia no tiene nada que ofrecer. En stock, ella no tiene más que un producto: la salvación, la vida eterna. Si dejo entender que tenemos otra cosa, me arriesgo a engañar a la gente que me escucha.

Pero si no nos atrevemos a hablar de eso con demasiada frecuencia, es porque tenemos la impresión de que en el pasado hemos hablado demasiado y que, durante siglos, la Iglesia se interesó mucho por la vida después de la muerte, y no lo suficiente por este mundo; que se ha remitido todo a más tarde, y a un más tarde en una existencia por lo demás incierta, olvidándonos de las dificultades de nuestro mundo, que necesita nuestro compromiso.

Pero cuando hablo de salvación, de vida eterna, no hablo de vida después de la muerte. En todo caso, no solamente de eso. Pues si es eterna, precisamente, no está en el tiempo: está fuera del tiempo, o más exactamente es todo el tiempo. Tanto ahora como después de mi muerte, cuando veré a Dios cara a cara. Si Jesús nos abre la vida eterna, es que nos obliga a renunciar a nuestras fronteras entre la vida de aquí abajo y la del más allá: es la misma vida. La vida eterna comienza ahora, y continúa eternamente. Eso no quiere decir que va a proseguir siempre de modo idéntico, y que estaremos condenados a tomar el aperitivo con el cuñado todos los domingos por los siglos de los siglos; ni que la lectura de este librito continuará incluso después del Juicio final.

Esperar es algo muy concreto: es creer que Dios nos hace capaces de realizar actos eternos. Que, cuando amamos, ese amor no es simplemente un bello sentimiento en una marea de absurdo abocada a la muerte, sino una ventana que abrimos a la eternidad. Pues esos actos eternos, esos actos que podemos realizar y que dan frutos eternos, son sin duda los actos de amor, los únicos que cuentan. Son los que construyen, ya en nuestro mundo, la eternidad, el Reino de Dios.

Eso nos obliga a renunciar a una visión bastante corriente y, por decirlo todo, infantil, de la vida eterna como recompensa. No se nos da para felicitarnos por haber creído en el buen Dios, por haber jugado en el campo ganador, ni haber llevado a cabo acciones justas y meritorias o, al menos, haber evitado los pecados más graves. No se trata de llevar al circo a un niño por haberse portado bien. No está, de un lado, la vida cristiana en este mundo, llena de sacrificios y de sufrimientos que hay que soportar apretando los dientes con paciencia, y de otro lado la vida eterna, hecha de delicias y dulzura, donde reponernos de las fatigas de la primera: es la misma vida, y si algunos se aburren de la presencia de Dios mientras viven esta vida, es de temer que no les agradará mucho más después de la muerte.

Esperar, en la práctica, no es solo creer que somos capaces de eternidad: es vivir prefiriendo lo eterno a lo demás, dar preferencia a lo eterno por encima de lo urgente, antes que todo lo demás que nos parece tan importante en el momento. Esperar es adoptar el punto de vista de la eternidad: no un punto de vista frío y lejano sino, por el contrario, el punto de vista del amor. Cómo cambiarían nuestras vidas si supiésemos ordenar nuestras prioridades en función del peso de eternidad de nuestros actos: la ambición, el afán de ganar dinero, el deseo de ser reconocidos, se encontrarían pronto al final de la lista. Se descubriría que preparar un bizcocho para una vecina que vive sola, que sabrá disfrutarlo, construye mucho más la eternidad que su peso equivalente en harina, huevos y azúcar.

La vida eterna no es pues una manera de evadirse, de buscar refugio contra el mal y contra la finitud de nuestro universo en otros mundos imaginarios o remitidos a un futuro sobrenatural. Eso se ha reprochado al cristianismo, acusándolo de descuidar la vida presente. La vida eterna permite, por el contrario, y muy concretamente, tomarse en serio nuestro mundo, mirándolo tal como es, poniendo cada uno de sus elementos en su lugar justo, dándole su justo peso. Eso deshinchará muchos globos de ambición, de sueños de celebridad, de fantasmas de dominio, de sed de riqueza, de miedos a bajar de categoría social que nos inquietan. Pero descubrir que es vano buscar que nos admiren, ¿es de verdad renunciar al mundo real? ¿No es más bien comenzar a vivir en él, con los pies en la tierra, por fin?

Me pidieron hablar sobre la esperanza en el curso de una peregrinación a Lourdes, y fue esta charla la que dio lugar a este pequeño libro. Varios miles de peregrinos vinieron a escucharme sobre el asunto, y mientras les hablaba de esperanza, de la vida eterna que se construye hoy, veía esos rostros atentos y me sentía como un presuntuoso pretendiendo enseñarles algo en la materia. Pues Lourdes es uno de esos lugares donde la eternidad se construye sin ruido, muy lejos del circo mediático que se desinteresa de todo. Allí, los que están en el centro no son las habituales personas interesantes, sino los enfermos, los discapacitados, los viejos, pobres y perdidos de toda clase, de los que ni siquiera se sospecharía la existencia si solo se conociese el mundo a través de la televisión. Allí hay gente que ha pedido vacaciones para venir a cuidar a los enfermos. Estudiantes que prefieren a las distracciones de su edad la alegría de empujar sillas de ruedas. Jerusalén ha caído, pero el Reino de Dios se construye. Y todo el mundo se implica: los enfermos también construyen la eternidad, a veces con una sonrisa, con una palabra amable que puede cambiar una vida.

Hace ya unos años, con ocasión de la misma peregrinación, acompañaba a grupos de colegiales procedentes de toda Francia para vivir un tiempo fuerte de celebración y de servicio. La mayor parte de esos jóvenes estaban contentos de haber venido, porque había buen ambiente. Y una ocasión de viajar sin los padres ni el colegio evidentemente hay que aprovecharla; pero una cosa les daba miedo en el empleo del tiempo: el servicio a los enfermos. Era un poco angustioso para ellos: ¿sabrían hacerse cargo? Y sin sorpresa, al final de la peregrinación el balance era siempre el mismo: lo mejor, con mucho, había sido el tiempo con los enfermos. Estaban todos radiantes el último día, dándose cuenta de eso; todos salvo un muchacho, que lloraba en un rincón, en la víspera del final. Al acabar la velada, fui a verle y me explicó: «He desperdiciado mi vida». En boca de un joven de trece o catorce años, semejante frase casi me provoca una sonrisa. Pero añadió: «Siempre he ido a lo mío, todo para mí, y aquí, al encontrar a los enfermos, he descubierto que es el servicio a los demás lo que le hace a uno feliz». Yo había borrado de mi sonrisa un poco de suficiencia, y enmudecí: él no había desperdiciado su vida. Por el contrario, la estaba aprovechando.

Esperar no es engañarse a uno mismo o cerrar los ojos, sino creer que el amor es más sólido que lo demás, porque, contrariamente a nuestras ambiciones, nuestras riquezas, nuestros conflictos, todo lo que nos suele distraer de lo esencial, el amor tiene promesas de eternidad. No pasará jamás, nos dice san Pablo. Cuando el mundo que nos rodea nos da miedo, la esperanza cristiana no nos dice que sigamos lloriqueando porque todo va mal, ni sonriamos tontamente porque todo irá bien; ella no nos invita a aguardar que Dios destruya este mundo para construir otro; nos plantea una cuestión muy simple: ¿cómo hacer de todo eso una ocasión de amar más? Es la pregunta que deberíamos hacernos ante todas las noticias, las buenas y las malas, las del telediario y las del teléfono móvil. ¿Cómo puedo hacer de esto una ocasión de amar?

Transformar los eventos en ocasiones de amar es reproducir en lo cotidiano el milagro de Caná. Es cambiar el agua de la vida ordinaria en vino de vida eterna. Vale la pena ejercitarse en cosas pequeñas. Un atasco de tráfico, en sí, no tiene ni gusto ni disgusto. Somos nosotros los que elegimos, casi por reflejo, hacer de eso un asunto de enfado, de nervios. Pero eso es verdad para todo lo demás: los niños que gritan en lugar de jugar, el hermanito que está molesto y decide venir a molestarme, el autobús que tarda en llegar cuando hace frío, el amigo que anula en el último minuto esa cena que yo esperaba con impaciencia, todo eso tendrá el gusto que nosotros queramos darle: todas esas situaciones nos proporcionan gente a la que amar más; todas nos procuran ocasiones de amar y, por tanto, de ser felices. Basta buscarlo un instante. Y es un ejercicio que resulta más fácil cuando se adquiere la costumbre. Vale la pena adquirirla, pues si nos ejercitamos en esos pequeños eventos, sabremos producir poco a poco la misma transformación en los acontecimientos importantes y más difíciles. Una pena de amor o la muerte de un ser querido pueden ser también ocasiones de amar. Eso no quiere decir que esas pruebas puedan vivirse alegremente. Es inútil engañarse. Pero hacer de ellas un lugar donde amar más es darles un sentido. Por otra parte, no creo que sea un ejercicio gratuito, sino vital: pues la verdadera elección no es a menudo entre el vino y el agua, sino entre el vino y el vinagre. Es una elección fundamental de vida. Dejarse enfadar por lo que nos sucede es aceptar dejarse ganar por el enfado, y correr el riesgo de que poco a poco contamine incluso lo que debería alegrarnos. Mientras que elegir transformar el agua en vino es convertirse en portador de alegría y salvación, para nosotros mismos y para los demás.

La esperanza nos dice que podemos así cambiar el mal absoluto en bien inestimable. ¿Qué hay peor que la cruz en la que se ha torturado al más inocente de los hombres, el Hijo de Dios? Desde este punto de vista, hay que reconocer que es chocante esa afirmación que repetimos maquinalmente sin prestar mucha atención: «La cruz nos ha salvado». La cruz no salva a nadie. Mata, hace sufrir: es un instrumento de suplicio, no de salvación. Pero cuando decimos que salva es evidente que lo hacemos por un atajo de lenguaje al que estamos acostumbrados, como cuando decimos que nos ponemos al volante para indicar que subimos al coche. No es la cruz la que salva, sino la manera en que Jesús vivió el suplicio de la cruz. La cruz no salva a nadie, pero él ha hecho de la cruz el lugar del mayor amor, sin eliminar su condición de víctima ni negar el mal que se le hacía. Ha elegido el perdón universal y ha entregado esta vida que se le quería quitar; así, la cruz se convirtió en el instrumento de la salvación. Si somos cristianos, si somos el cuerpo de Cristo, entonces será normal que estemos también en la cruz. Lo sabemos desde el principio. Pero nos queda aceptar hacer de ella un instrumento de salvación para el mundo.

Otra vez el sacrificio. Decididamente, los cristianos no saben prescindir de eso. Se desconfía, sin embargo, y sin duda con razón, pues, como con la renuncia, se pueden hacer de eso contrasentidos trágicos. Hay que volver a la definición de san Agustín, para quien es «sacrificio» todo acto que realizamos para unirnos a Dios. Unirse a Dios es hacer lo mismo que él: darse. Darse no significa perderse; dar alguna cosa a Dios no es destruirla, y menos aún deteriorarla. Por el contrario, es darle su sentido, su justo lugar cara a la vida eterna. Solo lo que se da está vivo, o por decirlo con la fórmula eficaz del padre Ceyrac: «Todo lo que no se da se pierde». Esta realidad no es dolorosa más que cuando cerramos las manos bajo el agua que corre para retenerla, para guardarla para nosotros; cuando se ha comprendido que la fuente corre sin retenerse y para todos, esta angustia que nos empuja a referirlo todo a nosotros puede al fin apaciguarse. Entonces es posible dar. Una mortaja, ya se sabe, no tiene bolsillos; no llevaremos al cielo más que lo que hayamos sabido dar, es decir, lo que hayamos transformado en amor, que es la única moneda en uso cuando se trata de la eternidad.

Recientemente, compartiendo un café en el entorno hostil de un centro comercial, un cristiano de veinte años me decía, sin alegrarse ni lamentarse, sino como un rasgo de carácter capaz de relativizar mis prédicas entusiastas, que él no tenía verdaderamente necesidad de los demás. No era solitario ni tímido, sino simplemente de un natural independiente; capaz de socializar, por supuesto, pero dubitativo ante esos comportamientos que hacen de la relación con los demás el alfa y omega de la vida cristiana, e incluso de cualquier vida. Le pedí que, dejando a un lado la música agresiva y las luces de neón que nos rodeaban, evocara los momentos más felices de su vida. ¿Estaba solo en esos instantes? Sonrió ante los recuerdos, sin duda, pero también con la reserva de quien se siente pillado. ¿Es que esa realidad, que se puede reproducir tantas veces, no quiere decir algo? Pero no se trata solo de vivir con los demás, como lo hacemos todos por la fuerza de las cosas. Si los que me rodean no son más que espectadores de mi vida, o comparsas que me dan la réplica, no estoy solamente solo: este aislamiento que ningún amor verdadero viene a romper es lo que se llama infierno. La vida eterna, por el contrario, es no vivir ya para uno mismo. Es haber dado la vida. Eso no significa morir, sino estar disponible —para un servicio, para un encuentro, para una sonrisa—. Dar la vida no es perderla, sino vivirla plenamente. Es ganarla.

Muchos cristianos están del todo de acuerdo con esto. Toda la dificultad está más bien en pasar del dicho al hecho. Vivir para la eternidad reclama un cambio de perspectiva tan radical que las mejores voluntades penan para llegar ahí. No es extraño, sin duda, que las puertas de algunas catedrales representen al acróbata, capaz de caminar sobre las manos, como la imagen de la conversión a la que estamos llamados: conversión no quiere decir otra cosa que cambio. De ordinario caminamos con los pies y tenemos arriba la cabeza. Pero cuando Jesús nos dice «Convertíos», nos está diciendo: «Daos la vuelta, cambiad vuestro modo de ver el mundo». Se trata de vivir mirando al cielo. Se trata de cambiar los valores y la lógica del mundo, los valores de éxito y triunfo, para vivir con otra lógica, la lógica del Reino. Este Reino donde los últimos son los primeros, donde a los que apenas han trabajado se les paga tanto como a los que han bregado toda la jornada, donde no se posee más que lo que se da, donde solo los débiles son fuertes, porque solo tienen, como única seguridad, la fuerza de Dios. Eso es un poco loco, cuando se reflexiona. Si somos verdaderamente cristianos, la gente debería pensar que estamos un poco locos; que caminamos sobre las manos. Porque ellos no saben que, viendo el mundo al revés, saliendo de nuestras lógicas tan llenas de egoísmo y de seguridad, es como se ve por fin el mundo tal como es, es decir, como Dios lo ha querido. El verdadero loco no es forzosamente el que se cree loco.

Un acróbata con los pies en el aire es un espectáculo divertido, porque parece divertirse a su vez. Una conversión así es un momento de intensa alegría. Sin embargo, lo que nos retiene de hacerla es nuestra torpeza. Salvo para los ágiles y bien entrenados, tratar de caminar sobre las manos es estar seguro de que caeremos. Cuanto más mayores somos, menos nos arriesgamos a eso —porque ya no somos ágiles, porque caeríamos de más arriba, porque no es algo digno de nosotros hacer cabriolas—. Se nos pasó la edad. Ese es todo el problema de la conversión: hay que aprender a andar de nuevo, tal como aprendimos de niños a andar con los pies. Fue difícil, un poco humillante, pero felizmente allí estaban nuestros padres para ayudarnos, animarnos y llevarnos de la mano. He constatado que hay videos en YouTube sobre el modo de hacer el pino y caminar sobre las manos, con técnicas al alcance de bastantes. Y para vivir la vida cristiana, para vivir la vida del converso, del que «ha vuelto» según la lógica del Reino, habrá que confiar en Dios, como antes en nuestros padres. Como ellos, Dios no desea otra cosa que enseñarnos a andar.

Felizmente, hay un lugar para este aprendizaje: la eucaristía. Los que acuden a misa tienen una razón más poderosa que la fuerza de la tradición o la afición al canto coral para vencer las ganas de quedarse en la cama el domingo. Sin duda están lejos de ser perfectos, como les reprochan a menudo los que dejaron de practicar, pero precisamente por eso acuden. Incapaces de entregar su vida, de vivir para la eternidad, vienen a aprender a hacerlo reuniéndose en torno a la fuente de todo don. En una misa coloreada y alegre en Benín, en una misa solemne de alto copete en Saint-Honoré d'Eylau o en otra un poco desierta y tal un poco descuidada, los cristianos se reúnen, a pesar de las apariencias, alrededor de la misma comida, de la misma Cena donde Cristo, ofreciendo su vida a través del pan y el vino, ha explicado el sentido de la prueba que se aprestaba a vivir en la víspera de su muerte. Ir a misa es hacer memoria de que la fe cristiana está fundada sobre una desbandada, una catástrofe de la que no hubiese podido jamás recuperarse. La Pasión de Jesús, para la comunidad de los discípulos que habían creído en él, es como una destrucción de Jerusalén, otra razón para perder toda esperanza. Y es este abandono el que Jesús vino a llenar con una palabra que le daba todo su sentido: «Esto es mi cuerpo, que se entrega por vosotros». Eso lo cambiaba todo, y nadie se dio cuenta en el momento. Pero un poco más tarde, después de la Resurrección, cuando el sentido de esta detención y de esta muerte había levantado un poco su velo de misterio, los discípulos comprendieron lo que había pasado aquella noche alrededor de la mesa. Desde entonces, no hay acto de esperanza más grande que venir a escuchar de nuevo esta Palabra plantada en el corazón de la desgracia, de la angustia, del absurdo.

Acudimos a misa porque Jesús, una vez más, nos da ahí su vida. Acudimos a recibir esa vida suya, para vivir de ella. Porque no hay otra manera de aprender a dar la propia vida que comenzar por recibir. Las cosas funcionan siempre así con Dios: él sabe que, si no recibimos antes de un modo sobreabundante, seremos demasiado remisos para dar. Entonces él da, esperando que eso acabe por desbordarse de nuestras manos, de nuestros bolsillos, y nos pongamos también a dar, a compartir, a vivir con los demás esta alegría que no cesamos de recibir. Olvidamos con demasiada frecuencia el mandamiento supremo —«amaos los unos a los otros como yo os he amado»—, donde no se nos propone el amor de Cristo como un ejemplo que debamos imitar, pues eso está por definición fuera de nuestro alcance. «Como yo os he amado» tiene un sentido mucho más fuerte que el de un modelo; indica la fuente de nuestro amor. Amaos los unos a los otros con el amor con el que yo os he amado, con el amor con que no ceso de amaros. Si tú debieses amar a los demás con los recursos de tu propio corazón te quedarías corto muy pronto. Ven a servirte de mi propio corazón, de mi propio amor, el que te doy cuando doy mi vida en este pan y en este vino.

Nuestra Jerusalén ha caído, pero no es la primera vez en la historia de la Iglesia en Occidente. El Imperio romano decadente tenía sus nostálgicos, inquietos al ver a los pretorianos hacer y deshacer emperadores cada vez más débiles, mientras que las invasiones bárbaras eran cada vez menos controlables. Pero para los cristianos, al menos, todo estaba claro e incluso resultaba bastante alentador. Después de los tiempos de persecución, los emperadores mismos se habían convertido a la fe cristiana. El designio de la Providencia era admirablemente transparente: a través del Imperio, el Evangelio llegaría al mundo entero. El Reino de Dios se establecía armoniosamente en los muros de la ciudad terrena. La salvación ganaba, la fe triunfaba, y las dificultades temporales del Imperio no eran nada en relación con el plan divino que se cumplía. El Imperio, al convertirse, se asociaba a las promesas de eternidad de la Iglesia.

He aquí, sin embargo, que el 24 de agosto de 410, los visigodos conducidos por Alarico entran en la Ciudad eterna y, durante tres días, se entregan al pillaje. Roma no había sido invadida en siete siglos. El trauma es considerable, y el Imperio no sobrevivirá más que algunas décadas, sin convicción, conducido por emperadores adolescentes, en manos de sus propios generales, hacia este desastre irreparable. Los cristianos, como los demás, quizá más que los demás, están desamparados, y los mejores espíritus pierden esperanza; así es como san Jerónimo deja ver en sus cartas el desaliento de un hombre que no comprende ya nada: «¡Con la ciudad, es el universo entero el que perece!». En la confusión general, todo parece perdido. Este era un tiempo, con toda seguridad, para releer el libro de Jeremías.

Es sin duda lo que hicieron las primeras comunidades monásticas de Occidente que —en la desbandada de una civilización brillante, entre una violencia generalizada y una rápida desaparición del Estado y de su rica cultura— se esforzaron para salvar lo que debía ser salvado. Apartándose del mundo para trabajar en su salvación, no hicieron de sus monasterios pequeñas comunidades replegadas sobre ellas mismas, y menos aún ocupadas en lamentar el presente o celebrar el pasado. Lo que celebran los monjes, sosteniendo durante varios siglos la cultura de Occidente, es la eternidad, la salvación que Dios no deja de ofrecer, es su misericordia, su fidelidad, su presencia en un mundo en plena desintegración, como ayer en las grandes horas del Imperio cristiano. Ellos no buscan luchar contra el mundo que les rodea, sino hacer vivir en él la presencia de Dios, proponerle incansablemente esa salvación que tanto necesita. No buscan, en medio de los escombros, construir nuevos fortines ni islotes de Imperio; lo que construyen, en ese campo de ruinas, es un templo, templos, una infinidad de templos, santuarios inconquistables e indestructibles, porque no contienen otra cosa que la Palabra de Dios.

Estos monjes guardianes de la esperanza del mundo, sin duda, se repetirían unos a otros la pregunta inquietante que se hacía al profeta Isaías: «Centinela, ¿todavía es de noche? ¿Cuánto falta para que amanezca?». Conscientes de ser centinelas, podían mirar la noche sin miedo, porque tenían en el fondo de ellos mismos bastante luz como para no dudar de la existencia del mañana.

Sin saberlo, a menudo, nuestro mundo nos plantea la misma pregunta. «Centinela, ¿qué es de la noche?». Nos interroga sobre nuestra esperanza, y busca en nosotros discursos lenitivos, teorías tranquilizantes que indiquen que todo irá mejor mañana; el mundo espera de nosotros que vivamos en la esperanza, es decir, que vivamos para la eternidad, que vivamos para lo que cuenta verdaderamente y no pasará jamás.

CONCLUSIÓN

EL 12 DE AGOSTO DE 2015, nos enteramos de que Tomislav Salopek, un rehén croata de 31 años, secuestrado por terroristas a unos kilómetros de El Cairo a comienzos del verano, había sido ejecutado. Una tragedia más, en una región donde no faltan, y en un año en que no han sido escasas.

Yo terminaba de preparar la conferencia, origen de este pequeño libro, cuando me llegó la noticia. Los hechos se apresuraban a desafiar mis bellas palabras, que me parecían de pronto ridículas, y sobre todo bien frágiles. ¿Puedo vivir eso de lo que hablo? La cuestión, que acosa a todo predicador, me incomodaba especialmente, porque esta vez era crucial.

No era la primera prueba, pero significaba un paso más en un camino de barbarie por donde este país se va adentrando dulcemente. No me sentía en peligro: nuestro convento en El Cairo nunca ha sido amenazado desde el comienzo de la Primavera árabe de 2011 y los acontecimientos derivados de ella. Estaba impresionado por este expatriado que tenía prácticamente mi edad, y que se disponía a rencontrarse con su familia. Imaginaba la pena de todos ellos, y la que produciría en su entorno.

Y me dolía también contemplar el hundimiento de este país al que amo, ver cómo se destruye, siendo esta tierra el marco de mi vida, sin que pueda hacer nada útil para evitarlo. Me desolaba ver que la misión a la que dedico mi vida —el diálogo con el islam— quedaba en entredicho por la locura de algunos. Estaba cansado de escuchar las burlas de quienes piensan que la única solución es la guerra generalizada: «Ya te lo había dicho», y ver partir, por razones de seguridad, a los franceses a quienes ayudo como cura. Ese día sentí pena por la víctima y su familia, por el país, pero también —con vergüenza lo digo— un poco por mí: mi universo se desmoronaba. No lo hacía totalmente ni de modo espectacular, pero sí un poco más. En esas condiciones,

¿qué podía significar la esperanza? Tenía tantas cosas bellas que decir...

¿Qué significaba la esperanza aquel día? Ciertamente no hacerse ilusiones: sé que la situación no va a mejorar por arte de magia. Pero conservar la esperanza, para mí, es saber que tengo en realidad algo útil que hacer: proteger la llama que Jesús vino a encender en mí, continuar amando, amar a mis hermanos, mis amigos, las víctimas y sus verdugos, encontrar en todo una ocasión de amar. Pues si la llama de la caridad no se apaga, si aprendemos en esas pruebas —que parecen multiplicarse— a amar y perdonar, si encontramos la fuerza de caminar entre ellas sin odio, esos acontecimientos trágicos serán igualmente absurdos, desoladores, indignantes o inquietantes. Pero no habrán sido del todo inútiles.

ESTE LIBRO, PUBLICADO POR
EDICIONES RIALP, S.A.,
MANUEL URIBE 13-15, 28033 MADRID,
SE TERMINÓ DE IMPRIMIR EN
ANZOS, S. L., FUENLABRADA (MADRID),
EL DÍA 19 DE DICIEMBRE DE 2024.